BEI GRIN MACHT SICH IHR WISSEN BEZAHLT

AF130064

- Wir veröffentlichen Ihre Hausarbeit,
  Bachelor- und Masterarbeit

- Ihr eigenes eBook und Buch -
  weltweit in allen wichtigen Shops

- Verdienen Sie an jedem Verkauf

Jetzt bei www.GRIN.com hochladen
und kostenlos publizieren

GRIN ☺

Bibliografische Information der Deutschen Nationalbibliothek:

Die Deutsche Bibliothek verzeichnet diese Publikation in der Deutschen National-
bibliografie; detaillierte bibliografische Daten sind im Internet über http://dnb.d-
nb.de/ abrufbar.

Impressum:

Copyright © 2016 GRIN Verlag, Open Publishing GmbH
Druck und Bindung: Books on Demand GmbH, Norderstedt Germany
ISBN: 9783668297630

Dieses Buch bei GRIN:

http://www.grin.com/de/e-book/340122/yoga-als-gesunde-perspektive-fuer-den-
sportunterricht

Friederike Arndt

Yoga als gesunde Perspektive für den Sportunterricht

GRIN Verlag

GRIN - Your knowledge has value

Der GRIN Verlag publiziert seit 1998 wissenschaftliche Arbeiten von Studenten, Hochschullehrern und anderen Akademikern als eBook und gedrucktes Buch. Die Verlagswebsite www.grin.com ist die ideale Plattform zur Veröffentlichung von Hausarbeiten, Abschlussarbeiten, wissenschaftlichen Aufsätzen, Dissertationen und Fachbüchern.

Besuchen Sie uns im Internet:

http://www.grin.com/

http://www.facebook.com/grincom

http://www.twitter.com/grin_com

Vicco-von-Bülow Gymnasium Falkensee
Fachbereich Sport
Seminarkurs: Sport und Gesundheit
2015/16 – 2016/17

Yoga als 'gesunde' Perspektive für den Sportunterricht.

Seminararbeit im Rahmen des wissenschaftspropädeutischen Seminarkurses

Vorgelegt von: Friederike Arndt
Bearbeitungszeitraum: 11.03.2016 – 16.09.2016
Abgabetermin: 16.09.2016

Inhaltsverzeichnis

1. Einleitung

Sportunterricht, ein einzelnes Wort. Betrachtet man es genauer wird die Zusammensetzung zweier separater Begriffe „Sport" und „Unterricht" deutlich. Ohne großes Nachdenken lassen sich die groben Funktionen und Inhalte erschließen. Sport steht für die auszuübende Bewegung, die je nach Stundeninhalt beispielsweise in Form von Spielen, Laufen oder Springen auftritt. Der Unterricht übernimmt die Vermittlung der theoretischen Grundkenntnisse, das Erlernen der Bewegung. So lautet die Grundüberlegung. Jedoch steckt hinter diesem einen Wort eine viel ausgeprägtere Vielzahl an Funktionen, die auf den ersten Blick schnell übersehen werden. Der Rahmenlehrplan für den Unterricht in der gymnasialen Oberstufe im Land Brandenburg zeigt die tiefer gehende Bedeutung des Lern- und Erfahrungsfeldes in der verlaufenden Schulkarriere eines jeden Schülers. Nicht nur ein ganzheitlicher Bildungs- und Erziehungsauftrag prägen einen guten Sportunterricht, sondern auch die Einflussnahme auf die Persönlichkeitsentwicklung spielen eine tragende und unverzichtbare Rolle. Durch die Verbindung von „Sport" und „Unterricht" wird sowohl der fehlenden Bewegung der Schüler im passiv verbrachten Schulalltag entgegengewirkt, auch erlernen sie den Umgang mit erbrachten Leistungen. Dem sportlichen Handeln wird ein Sinn gegeben, sie erlernen die Handhabung mit verschiedenen Aufgaben und Situationen, die einer Lösung bedürfen. Somit wird das Verantwortungsgefühl und Entscheidungskraft gestärkt und erweitert. Die Schüler eignen sich unterbewusst Eigenschaften, wie Teamfähigkeit, Verantwortungsbewusstsein, Rücksichtnahme und Hilfsbereitschaft, an, die sie ihr Leben lang nicht verlernen. Der Sportunterricht übernimmt einen wichtigen Part, er gibt den Schülern nicht nur die Möglichkeit einfach mal abzuschalten, sondern vermittelt auch bedeutendes Wissen. Daher sind die wöchentlichen drei Schulstunden unter der Woche viel zu wenig Zeit, um den Schülern eine Möglichkeit der Entspannung und des Abschaltens zu bieten. Der so bedeutende Sportunterricht wird viel zu oft als unwichtig erachtet, obwohl er viel schwerer gewichtet werden sollte. Dieser Fakt wird im Angesicht des von Klasse zu Klasse wachsenden Schulstress immer offensichtlicher. Die Kinder und Jugendlichen arbeiten fünf Tage die Woche am Limit, werden oder setzen sich selbst unter Druck. Ein solcher Zustand ist auf Dauer nicht gesund und sollte deshalb entgegengewirkt werden. Die Frage besteht nun darin eine solche Alternative zu finden, die sowohl für Geist als auch für den Körper agiert, indem Bewegung mit Entspannung und Stressabbau vereint wird. Eine denkbare Möglichkeit bietet beispielsweise der Sport Yoga, er gilt als Gesundheitssport, fördert die Konzentration des Schülers, versetzt ihn in einen Zustand der Entspannung und nimmt ihm einen Teil seines Stresses. Erfüllt somit alle grundlegenden Kriterien, die zum Wohl des Schülers beitragen. Daher stellt sich mir die Frage, ob Yoga eine mögliche Alternative für den Schulsport darstellt. Somit widme ich diesem Thema meine Seminararbeit!

„Die Kontrolle über unseren Geist ist der Weg zum Glück."

(Upanishaden)

2. Definition Yoga

Patanjali, der Urvater des Yoga, beschreibt es als altindische philosophische Lehre bzw. theoretische Weltanschauung, den Weg der Selbstverwirklichung, Selbstfindung und Bewusstseinserweiterung des menschlichen Individuums. Durch körperliche und geistige Übungen, bestimmte Lebensarten, so Patanjali wird die Unwissenheit überwunden und das Dasein begriffen. Ziel ist es die wahre Erkenntnis zu erlangen, indem der Geist von Sinnestäuschungen und Gedankenverirrungen befreit wird. Aus der altindischen Sprache Sanskrit übersetzt, bedeutet das indische Kulturerbe anjochen, zusammenbinden, anschirren oder auch anspannen, im übertragenden Sinne ist die Bindung der menschlichen Seele an Gott gemeint. Die ersten Überlieferungen von Yogaausübungen reichen bis in die Induskultur, 2500-1800 Jahre vor unserer Zeitrechnung, zurück. Mönche stellten hier die ersten Yogis dar. Yoga bildet mit fünf weiteren Lehren die sechs klassischen Schulen der indischen Philosophie, auch Brahmarisch Darshanas genannt. Selbst besteht das klassische Yoga aus acht Gliedern, die die Grundregeln des yogischen Lebens festlegen. Yoga ist ein Selbsterfahrungssystem und geht davon aus, dass jedes Handeln, jede Tat neben der natürlichen Wirkung auch eine Bedeutung hat und somit eine Moral mit sich bringt.

3. Yoga-Arten

Die indische Lehre lässt sich in viele verschiedene Richtungen einteilen. Abgesehen vom klassischen Yoga, welches aus 8 Gliedern besteht und im folgenden Punkt näher erläutert wird, gibt es bekannte Yoga-Richtungen, wie Raja-Yoga, auch königliches Yoga genannt, welches in alle Arten mit einfließt und das Ziel der Meisterung des Geistes verfolgt. Jnana-Yoga beinhaltet Meditation zur Frage ,,Wer bin ich?" und wird deshalb auch als Erkenntnisyoga beschrieben. Eine weitere Richtung ist das Karma-Yoga, dieses umfasst täglich bewusstes Handeln und die Ausübung selbstloser Tätigkeiten. Bhakti-Yoga strebt den religiösen Hintergrund an und lässt sich mit Hingabe und Demut anbetungswürdiger Gegenstände gegenüber beschreiben. Mantra-Yoga beinhaltet das Aussprechen des Namens Krischnas und weiterer Zauberformeln. Die jüngste und gleichzeitig modernste Richtung, Hatha-Yoga, umfasst die Ausübung Yogas zur Steigerung des gesundheitlichen Wohlbefindens.

3.1. Die 8 Stufen des klassischen Yogas

Die uralte Yoga-Philosophie, aufgestellt vom Urvater, besagt, wenn ein Schüler das klassische Yoga ausübt, beschreitet er den Weg der Selbstverwirklichung unter Aufsicht eines Lehrers durch Befolgen der 8 Stufen (Samyama). Bei diesen handelt es sich um Werkzeuge zur Erreichung des Idealzustandes, welcher das Genießen jeder einzelnen Sekunde des Lebens umfasst. Die 8 Stufen oder auch Glieder dienen als Sutra, dem Leitfaden. Die erste Stufe nennt sich **Yama**, sie gibt Verhaltensempfehlungen gegenüber Anderen vor. Hier stehen Unterstützung, Förderung, Moral, Ethik und gesellschaftliche Disziplin im Mittelpunkt. Regeln wie, Gewaltlosigkeit (Ahimsa); Wahrhaftigkeit (Satya); Nicht-Stehlen (Asteya); Selbstdisziplin und Beherrschung der Triebe und Bedürfnisse (Bramacharya) und die Unabhängigkeit von materiellen Besitzgütern und Verantwortung (Aparigraha) bilden die Grundregeln des

Zusammenlebens. Die zweite Stufe **Niyama** umfasst die Gebote, die an den Schüler gerichtet werden. Beispielsweise Sauberkeit des Körpers und der Umgebung sowie gesunde Ernährung (Saucha); Zufriedenheit, positive und konstruktive Gedanken und die Vermeidung von Gier, Ärger, Boshaft und Neid (Santosha); die Ausbildung von Geduld, Ausdauer und Willenskraft (Tapas); das Studium von Schriften, das Überprüfen der Wahrheit (Svashyaya) und die Überwindung der Ich-Bezogenheit, Ausbildung der Liebe, Hingabe und das Streben nach Wahrheit (Ishwara) zeigen die Ansprüche an den Schüler. Die dritte Stufe **Asana** beinhaltet die körperlichen Yoga-Stellungen, von denen es so viele gibt, wie Menschen auf der Erde leben. Sie verfolgt das Hauptziel, den Körper und Geist in einen Zustand der Harmonie zu versetzen, und bereitet sie zugleich auch auf die Meditation vor. Das vierte Glied **Pranayama** beschreibt die Atemstudie, bei der die mentale Disziplin und die völlige Beherrschung der Atmung als Hauptziel angesehen werden. Das Atmen erfolgt immer lang und subtil im selben Rhythmus: Ausatmen, Einatmen, Anhalten. Die fünfte Stufe **Pratyahara** gibt das Zurückziehen der Sinne an. Hier spielen die Beruhigung des Denkens und die Beherrschung der Sinnesorgane eine tragende Rolle. Der sechste Weg, die **Dharana** umfasst die aktive und bewusste Hinlenkung der Aufmerksamkeit auf Objekte, durch bloße Konzentration. Die siebte Stufe **Dhyana** beinhaltet die Meditation, wobei die Aufmerksamkeit ohne aktives Zutun zum Objekt hinfließt. Vorstellungen, Betrachtungen und das Nachsinnen prägen dabei die Meditation. Die letzte Stufe **Samadhi** beschreibt die Verwirklichung des höheren Selbst, hier verschmilzt der Schüler selbst mit dem Objekt nur durch Meditation, dies geschieht individuell und ist eine seltene Erfahrungsstufe. Ist man all diese Stufen/Wege/Glieder durchlaufen befindet man sich im Idealzustand. Das Erlangen dieses kann jedoch Jahre oder ein ganzes Leben andauern.

4.Wirkung auf den Menschen

Yoga gewann mit den Jahren an Attraktivität und erregte in der letzten Zeit viel Aufsehen. Die moderne Sportart ist nicht nur für jede Sorte Mensch ausgelegt, ob Kinder, Erwachsene oder Senioren, Frauen oder Männer oder sogar Menschen mit gesundheitlichen Einschränkungen oder Behinderungen, nein, es gilt als Allheilmittel. Yoga wirkt sich sowohl positiv auf den Körper aus, in Form von Kräftigung und Dehnung der Muskulatur, der Bänder und Sehnen; einer Flexibilisierung von Gelenken; Spannungslösungen und Schmerzminderungen; gleichzeitig strafft es das Bindegewebe, steigert das Atemvolumen, regt die Verdauung an, harmonisiert den Hormonhaushalt und gibt unseren inneren Organen Kraft und Stärke. Die geistigen Wirkungen auf den Menschen treten individuell auf, jedoch kann Yoga das Selbstbewusstsein stärken, ein Gefühl von innerer Ruhe ausstrahlen, Körper und Geist in einen Einklang bringen und der Seele ein Gefühl von Ausgeglichenheit, Liebe, Glück, Lebendigkeit, Frieden und Leichtigkeit verschaffen. Je nach Wohlbefinden, Erkrankung, Verletzung oder Einstellung kann die Art des Yogas gewählt werden. Da jede einzelne Ausrichtung andere Bereiche des Körpers und des Geistes behandelt und somit für jede Erkrankung eine Lösung bietet. Neuste Studien nutzen die Flexibilität und die verschiedenen Variationen Yogas für unterschiedliche Therapien. Aktuelle Erkenntnisse des amerikanischen Forschers Dr. Meera Balasubramaniam von der Duke University in North Carolina beweisen, dass Yoga eine beruhigende Wirkung auf psychisch kranke Menschen hat. Er bewies 2013, dass Depressions-

und Schizophrenie-erkrankte Probanden auf die Yoga-Stunden durchgängig mit positiven Effekten reagierten; ein vollständiger Stressabbau, Angstlinderung und Wiederherstellung des gestörten Gleichgewichts von Körper und Geist waren hierbei die Folge. Auch bei Alkoholabhängigkeit, Schlaflosigkeit und Angststörungen wurde Yoga erfolgreich angewendet und erzielte mit seiner Wirksamkeit Linderung, Heilung, Balance und Harmonie. Ein weiterer medizinischer Bereich in dem der Sport eingesetzt wird, ist die Physiotherapie. Durch ein regelmäßiges Sportprogramm, erstellt durch den Yogi-Lehrer (wenn selbst Mediziner) oder den Physiotherapeuten, ist ein Einwirken auf rheumatische Probleme möglich. Als Stärkung der Beweglichkeit, Rehabilitationsmaßnahme nach Operationen, zur Kräftigung des Herz-Kreislaufsystems, als Therapie bei motorischen Gleichgewichtsproblemen und bei Rückenschmerzen findet Yoga als Physiotherapie Anklang. Die Straffung der Haut, Reduzierung des Fettgewebes, Reinigung des Körpers von Giften, Entschlackung und die gestiegene Beweglichkeit haben zwar keinen orthopädischen Hintergrund, sind aber positive Nebeneffekte die ein regelmäßiges Praktizieren von Yoga mit sich bringt. Hunderte Studien bringen Erkenntnisse über die Wirkung Yogas bei starkem Übergewicht, Stärkung des Immunsystems, die Junghaltung des Gehirns, Kopfschmerzen bzw. Migräne, Diabetes und Krebs ans Licht. Jeden Tag werden mehr Anwendungsgebiete aufgedeckt und erweitern die Vielfalt Yogas.

5.Bezug auf den Rahmenlehrplan

5.1. Voraussetzung des Sportunterrichts

Der Sportunterricht, der von den Schülern oft als lästig und unnötig bezeichnet wird, nimmt im normalen Schulalltag eine tragende Rolle ein. Er ist, wie alle anderen Fächer, ein Lern- und Erfahrungsfeld, welches einen unverzichtbaren Teil zum Bildungs- und Erziehungsauftrag der Schüler beiträgt und somit die Ausprägung, Stärkung und Entwicklung der Persönlichkeit der Kinder und Jugendlichen beeinflusst. Laut des Rahmenlehrplanes für den Unterricht in der gymnasialen Oberstufe im Land Brandenburg im Fach Sport, erstellt vom Ministerium für Bildung, Jugend und Sport Land Brandenburg, handelt es sich beim Ziel eines pädagogisch wertvollen Sportunterrichts, um ,,Handlungskompetenz im und durch Sport", er soll dem Bewegungsmangel der Schüler, der durch das lange Sitzen im Unterricht und die passiv verbrachte Freizeit der Kinder und Jugendlichen entsteht, entgegenwirken. Gleichzeitig bringt er durch erbrachte Leistungen die Einordnung, Bewertung, den unmittelbaren Vergleich, die Akzeptanz und die Selbsteinschätzung den Schülern näher und erleichtert so den Umgang mit guten oder schlechten Ergebnissen. Grundlegend stützt sich der Sportunterricht auf den Ausbau, die Entwicklung und die Verbesserung der koordinativen und konditionellen Fähigkeiten, sowie motorischen Fertigkeiten, um zielgerichtet auf die Entfaltung des individuellen Bewegungsrepertoires einzuwirken.

Für viele unbewusst, stärkt der Sportunterricht nicht nur die Persönlichkeitsentwicklung in Form von Hilfsbereitschaft, Fairness, Teamplay, Rücksichtnahme, Ehrgeiz und Risikobereitschaft, nein, auch die selbständige Erfassung und Bearbeitung von Aufgaben, sowie die Analyse, Verarbeitung und Bewertung von Umständen, das Treffen von wichtigen Entscheidungen und die Übernahme von Verantwortung werden gefestigt. In der Senkundarstufe 2 wird der praktische Bewegungsaspekt mit theoretischen Wissen verknüpft, um den Lehrauftrag in der Qualifikationsphase auszuweiten und den Blick für die Multiperspektivität und Sinngebung sportlichen Handels zu schärfen. Um dem Sportunterricht eine Richtung und Orientierung zu weisen, gibt es pädagogische Perspektiven, wie Gesundheit, Leistung, Kooperation, Körpererfahrung, Gestaltung und Wagnis, die den Bildungsbeitrag des Faches Sport auf den der anderen Fächer hebt und somit eine Verbindung der Themen verschiedener Fächer möglich macht.

5.2. Bewegungsfelder

Der Inhalt einer Sportstunde bzw. einem längerfristigen Sportprogramm in der Schule kann nicht beliebig gewählt werden. Das Kercurriculum gibt Inhalte und Themen vor und bildet somit die Grenzen, in denen sich die Lehrkräfte bei der Wahl eines Stundeninhalts frei bewegen können. Solche Inhaltseinschränkungen werden Bewegungsfelder genannt, diese bilden verschiedene Felder zu denen Sportarten zugeordnet sind. Es gibt acht verschiedene Themenfelder (Bewegungsfelder), erstens Laufen, Springen, Werfen; zweitens Spiele; drittens Bewegung an und mit Geräten; viertens Bewegung gymnastisch, rhythmisch und tänzerisch gestalten; fünftens Bewegung im Wasser; sechstens mit/ gegen Partner kämpfen; siebtens Fahren, Rollen, Gleiten und achtens Fitness. Jedes einzelne Feld beispielsweise „Bewegung im Wasser" beinhaltet verschiedene themenbezogene Sportarten z.B. Rettungsschwimmen, Sportschwimmen,Tauchen, Wasserball usw., diese können dann gewählt werden. Von diesen Bewegungsfeldern müssen verpflichtend zwei in der Qualifikationsphase unterrichtet und ausgeübt werden, zuzüglich der dazu verknüpften Theorie. Folgende Aspekte haben bei der Ausführung der Bewegungsfelder zu gelten die Inhalte Gesundheit und Leistung nehmen einen gewichteten Part im Unterricht ein, dazu müssen die pädagogischen Perspektiven geeignet vermittelt werden. Weiterhin dürfen die gewählten Inhalte der Bewegungsfelder nicht die Möglichkeiten der Erklärung und Vertiefung von trainingswissenschaftlichem Wissen, biomechanischen Gesetzmäßigkeiten und die Kenntnisse von Bewegungsabläufen auslassen. Gleichzeitig gilt die Förderung der koordinativen, konditionellen, motorischen Fähigkeiten und Fertigkeiten und des Fitness- und Gesundheitsaspekts als Hauptziel zu betrachten.

5.3. Die Einordnung Yogas

Die Sportart Yoga lässt sich in das Bewegungsfeld: Bewegung gymnastisch, rhythmisch und tänzerisch gestalten, einordnen, da das Sportprofil Yogas mit den Inhalten des Themenfeldes übereinstimmt. Die Inhalte Gymnastische und künstlerisch-kompositorische Fertigkeiten; das Erlernen einer Choreografie; gymnastischen Bewegungsformen zur Verbesserung der Haltung, Koordination, Beweglichkeit und Ausdauer und praktische Beispiele im gesundheitsorientierten Gymnastiksport beinhaltet dieses Bewegungsfeld und werden im Yoga umgesetzt. Gleichzeitig gilt Yoga als moderne Form der Gymnastik (siehe Punkt 6). Das Interesse an neuen Trend und Kulturen ist im Yoga eine fest verankerte Eigenschaft. Außerdem zählt die Musik sowohl im Themenfeld als auch im Yoga als Begleitung und übernimmt die Stärkung der musikalischen Wahrnehmung.

6. Yoga gegenüber einer anderen Sportart des gleichen Bewegungsfelds (Gymnastik)

Yoga und Gymnastik zwei Sportarten aus dem selben Bewegungsfeld „Bewegung gymnastisch, rhythmisch und tänzerisch gestalten". Es erweckt den Anschein, als wären sie in der Ausübung und Wirkung auf den Menschen gleich, jedoch trügt der Schein. Es gleichen sich viele Asana (Übungen) des Yogas mit denen der Gymnastik. Die genau und sauber ausgeführten Bewegungen bzw. Gymnastikübungen kommen Yoga sehr nahe, das hat aber nur den Grund, dass die Übungen des Yogas als Inspirationen der Gymnastik dienen. Ziel dieser ist es jedoch dem Körper eine allgemeine und gleichmäßige Ausbildung zu gewähren, ohne jeglichen Zwang Leistung zu erbringen oder an Wettkämpfen teilzunehmen. Außerdem werden in der Gymnastik so gut wie keine Geräte genutzt. Yoga dagegen besteht aus vielen einzelnen Bausteinen, beispielsweise die korrekte Atmung, die Achtsamkeit und die gesunde Ernährung. Es handelt sich eben bei Yoga um eine Lebenseinstellung, mit dem Ziel Körper, Geist und Seele in Harmonie zu versetzen und den Körper zu stärken durch kontinuierliche Disziplin des Sportlers. Bei klassischer Gymnastik wird das Training oberflächlich ausgeführt, die Übungen werden schnell und nach außen konzentriert absolviert. Einzelne Muskelpartien werden je nach Anwendungsbedarf belastet und trainiert. Der Blick ruht auf dem Muskelaufbau, Fettabbau, die Leistungssteigerung und das Erlangen von Beweglichkeit, manchmal jedoch auch auf das Körpergefühl und die harmonische Bewegungen zu Musik.

Bei Yoga handelt es sich, um einen Lebensstil, welcher sich auf das seelische Gleichgewicht stützt und die Atmung, Ruhe und Entspannung sehr gewichtet. Die Übungen im Yoga-Sport werden langsam und gezielt mit der Atmung verbunden und auf alle Muskeln im Körper ausgestrahlt, somit verpulvert die Muskulatur weniger Energie in Form von Hitzewallungen, Schweiß und Atemlosigkeit und fördert durch Integrationsarbeit des Körpers die körperliche Arbeit mit weniger Anstrengung durchzuführen. Wird Yoga über eine längere Zeit praktiziert wirkt sich das über die Muskelschichten von außen nach innen und erzielt bei den inneren Organen einen positiven Effekt, in dem sich in verschiedenen Haltungen bspw. Milz, Leber, Galle, Nieren und der Magen aktiv dehnen, gleichzeitig die Lunge erweitert wird, somit eine höhere Sauerstoffaufnahme ermöglicht wird und die Durchblutung zum und vom Herz angeregt wird. Außerdem hat Yoga Einfluss auf den Wasser- und Hormonhaushalt im Körper und erreicht durch die Freisetzung von stimmungshebenden Endorphinen eine innere Balance. Betrachtet man so beide Sportarten wird schnell klar, dass Gymnastik temporär genutzt wird, bspw. bei Rückenschmerzen, Rehabilitationsübungen nach Operationen oder als eine Art Physiotherapie, ist die Heilung dann abgeschlossen, wird die Gymnastik nicht weiter praktiziert, da das Ziel der Heilung erreicht wurde. Dagegen wirkt sich das Praktizieren Yogas permanent auf den Körper aus, durch die Verbindung des Körpers mit der Seele, ist diese Lebenseinstellung ein Teil des normalen Alltags. Nicht nur der sportliche Aspekt, sondern auch der geistige macht Yoga so besonders. Die Gesundheit des gesamten Organismus und nicht nur einiger Regionen stehen im Vordergrund. Yoga wird daher sehr geschätzt und wird auch der ,,altmodischen" Gymnastik immer mehr vorgezogen, da ein längerfristiges Resultat eintritt und alle Eigenschaften der Gymnastik abgedeckt werden können .

7. Umsetzung des Yogas in der Schule

Bevor die Planung eines neuen Sportunterrichts in Form von Yoga getätigt werden kann, muss die Schule folgende Grundüberlegungen überdenken. Ist eine Umsetzung in der Schule überhaupt möglich? Gibt es genügend Platz für alle Schüler einer Klassenstärke, damit diese sich komplett entfalten können? Was für Materialien werden benötigt? Wie organisieren wir die Zeitplanung? Bieten wir dieses Programm erst ab der 10. Klasse an, oder schon früher? Gibt es Sportkollegen die, die Ausbildung absolvieren würden, um solch ein Angebot anbieten zu können? Wie verhält es sich mit der Notengebung, fällt diese völlig weg oder wird sie eingeschränkt oder verändert? Was bringt das generell unseren Schülern? Ist die Nachfrage so groß, dass es sich lohnt? Wie wird all das finanziert? Sind dann diese ganzen Überlegungen getätigt, kann es an die Planung gehen. Wenn von einer Klassenstärke von 25 Schülern ausgegangen wird, reicht eine Turnhalle ohne Geräte als Platz völlig aus, damit jeder den Raum bekommt, den er benötigt. Im Sommer besteht auch die Möglichkeit den Unterricht nach draußen zu verlegen. Für diese 25 Menschen werden 25 Yoga-Matten, Decken und ein CD-Player benötigt, diese lassen sich preisgünstig in einer Massenbestellung im Internet bestellen. Je nach Bedarf oder Angebot ist eine Yoga-Stunde in jedem beliebig gewählten Zeitraum durchführbar, ob 20, 30, 45 oder 90 Minuten, dabei ist nur eine angemessene Planung erforderlich. Der Sportunterricht prägt die Kinder und Jugendlichen in ihrer Persönlichkeitsausbildung, daher wäre es am besten zwei Lehrer die Ausbildung absolvieren zu lassen. Wobei pro Sekundarstufe ein Lehrer ausgebildet wird. Somit übernimmt der Lehrer in der S1 die Einführung und in der S2 findet eine Weiterführung und Vertiefung statt. Nach persönlichen Erfahrungen ist die Nachfrage in den Unterstufen wenig vorhanden, daher wäre die Einführung ab der 10. Klasse von großer Bedeutung, da ab dieser Stufe das Abitur immer näher rückt und der Stresspegel um einiges erhöht wird. Bei der Notenvergabe bestünde die Möglichkeit mit Vorträgen, selbst entworfenen Yoga-Stunden und Mitarbeit die Noten zu bestimmen. Die Finanzierung hängt von der Herangehensweise ab, übernimmt der Förderverein die Kosten für die Materialien oder zahlt jeder Schüler einen einmaligen Beitrag. Dies ist nur eine von vielen Varianten ein solches Angebot an Schulen zu ermöglichen.

7.1. Voraussetzungen an den Schüler

Die Voraussetzungen des Schülers sind von vielen Faktoren abhängig, bspw. von der Setzung der Schwerpunkte die der Lehrer setzt, konzentriert er sich auf die Kräftigung des unteren Rückens, müssen Schüler mit Rückenproblemen Alternativübungen gestellt bekommen, daher ist eine mentale und körperliche Unversehrtheit ideal. Dies bedeutet jedoch nicht, dass Schüler die eine geistige und/oder körperliche Einschränkung wie Taubheit, Lähmungen, Autismus oder Blindheit besitzen, für das Praktizieren von Yoga ungeeignet sind (siehe 7.2.) Wie bei allen Inhalten des Sportunterrichts handelt es ich bei Yoga auch um eine Sportart, die der Schüler erlernt und ausübt. Grundkenntnisse sind daher nicht erforderlich, da mit der Einführung das Erlernen von den Lehrkräften gewährleistet wird und von Level 0 begonnen wird. Jedoch sollte bei der Wahl des Sportunterrichts Yoga ein gewisses Interesse vorhanden sein, damit die Ausübung fehlerfrei und Körper gerecht praktiziert werden und die angestrebte Wirkung auf den

Körper eintreten kann. Der Schüler muss sich völlig fallenlassen, um den gewünschten Effekt zu erzielen. Materiell wird im Wesentlichen Sportbekleidung benötigt, in der der Praktizierende sich ohne Probleme bewegen kann. Schuhe sind nicht erforderlich. Die Materialien, wie Yoga-Matten und Decken, werden von der Schule gestellt.

7.2. Inklusion mit Yoga

Inklusion ist in der Sportwelt im Moment ein aktuelles und viel diskutiertes Thema. Inklusion ist wichtig, die Aufnahme von körperlich oder geistig benachteiligten Menschen, beispielsweise Tauben, Blinden, Rollstuhlfahrer oder Autisten, im Sport ist es ebenfalls. Die Inklusion von eingeschränkten Schülern in den Sportunterricht ist schwierig, jedoch nicht unmöglich. Wie jeder Lehrer sollte sich auch der Sportlehrer über die Behinderung des Schülers bzw. der Schüler informieren. Rücksichtnahme ist hier das A und O. Wäre die Inklusion im Sportunterricht Yoga möglich? Ja, wäre sie, vielleicht wäre sie sogar einfacher als bei andern Sportarten. Yoga wird oft in der medizinischen Welt als Therapie genutzt, ob in körperlicher oder geistiger Hinsicht. Es bietet eine leichten Einstieg für solche Schüler in die Sportwelt. Die Muskeln, Sehnen und Bänder werden beispielsweise langsam Schritt für Schritt auf Übungen und Bewegung vorbereitet und gestärkt, welches einem Rollstuhlfahrer im Armbereich nur zu gute kommt. Die Umstellung des Unterrichts ist nicht so umständlich, wie es scheint. Betrifft es nur einzelne Schüler einer Klassenstärke sind Alternativübungen erforderlich, die persönlich auf den Menschen angepasst werden und seinem Level entsprechen. Einfacher ist natürlich man unterrichtet eine komplette Klassenstufe, die alle die selbe Behinderung besitzen. Hierbei kann sich der Lehrer völlig auf alle Schüler konzentrieren und nicht nur auf vereinzelte. Der Sport Yoga bietet den benachteiligten Schüler viele Möglichkeiten und Vorteile, die bei anderen Sportarten nicht vorhanden wäre. Er bietet sowohl Bewegung als auch Entspannung, beides auf eine außergewöhnliche Art und Weise, da Yoga auf jeden anders wirkt. Das laute Erklären und die vorgezeigten Übungen ermöglichen Tauben und Blinden die Ausübung selbst, da durch immer wiederholendes Erläutern die Blinden die Übungen verdeutlicht bekommen ohne zu sehen und die Tauben durch die Verbildlichung ohne zu hören. Menschen die im Rollstuhl sitzen bekommen die Möglichkeit sich oberhalb des Beckens zu bewegen, die Variante die Übungen und die Entspannung im Liegen zu absolvieren besteht auch. Da Yoga so vielfältig ist, gibt es so viele Alternativmöglichkeiten die jedem eingeschränkten Menschen zu Energie, Entspannung und Bewegung verhilft. Das Praktizieren von Yoga, ob im Rollstuhl, Taub oder Blind, ist möglich und gibt den Menschen ein gutes Gefühl in der Gemeinschaft aufgenommen zu sein.

7.3. Voraussetzungen an den Lehrer

Jeder praktizierende Lehrer benötigt eine abgeschlossene Yoga-Ausbildung, um den Schülern den Unterricht anbieten zu können. Gleichzeitig benötigt er alle erforderlichen Grundkenntnisse, um die Verletzungsgefahr zu minimieren und Praxisstunden, um die Asana (Übungen) korrekt ausüben und vermitteln zu können. Des weiteren ist angemessene Sportbekleidung von großer Bedeutung, um die Vorbildfunktion aufrecht zuerhalten. Die Lehrkraft muss jeden einzelnen Stundenverlauf ausarbeiten und die Musik als Begleitung passend auswählen. Ziel ist die

Schüler von einem Anfängerstand zu einem fortgeschritteneren Satnd zu leiten, daher sollte eine längerfristige Planung vorhanden sein, um auch dieses Ziel zu erreichen.

7.4. Alternative Umsetzungsmöglichkeiten

Die Schule nimmt in der Planung und Organisation von der möglichen Einführung des Unterrichts eine tragende Rolle ein. Besteht der Wille diese Art Sportunterricht einzuführen, werden Wege gefunden dieses zu finanzieren und umzusetzen, beispielsweise durch die Beteiligung des Fördervereins. Doch auch hier besteht die mögliche Ablehnung der Finanzierung, somit müsste die Schule alle ihre Kosten selbst tragen und da solch eine Umsetzung hohe Geldsummen erfordert und die Schule diese nicht auf Dauer tragen kann und will, stehen Alternativmöglichkeiten der Umsetzung an erster Stelle. Die vorhandenen Geräte, die ein Teil der zur Verfügung gestellten Ausrüstung des Sportunterrichts bilden, verhelfen schon in abgewandelter Funktion zum Ziel. Die normalen, blauen Turn- und Sport-Matten bspw. stellen eine alternative Yoga-Matte dar, somit stände die Anschaffung neuer, richtiger Yoga-Matten außer Frage. Weist die Umsetzung der Einführung des Yoga-Unterrichts mehr Probleme, als Vorteile auf, aber bestünde der Wunsch nach Yoga in der Schule weiterhin, gäbe es die Möglichkeiten abgespeckter Varianten des Yoga-Unterrichts, in Form von einees Sporttages, der wie das Sportfest aussähe und eine alljährliche einmalige Organisation benötige. Steht die mangelnde Nachfrage als Problem im Raum, könnte ein Workshop für ausgewählte Schüler eine Alternative darstellen, für diesen Workshop könnten sich die Schüler anmelden, er wäre beispielsweise jedes Halbjahr, hierbei wäre die Umsetzung im Sommer draußen auf dem Sportplatz möglich. Wachsendes Interesse durch Propaganda unter den Schülern und die eintretenden Wirkungen würde die mögliche Ausweitung eines solchen Projektes offen lassen. Eine weitere Alternative wäre eine Yoga AG, unsere Schule bietet nach der Unterrichtszeit verschiedene Aktivitäten, ob in künstlerischer oder sportlicher Art und Welse. Hierbei wäre die mangelnde Nachfrage kein Problem und die Schüler würden ihre Yoga-Stunden, wie auch normaler Yoga-Unterricht 2-3 mal in der Woche erhalten. Ein Vorteil wäre, dass die Schüler kostenfrei ihre Stunden erhalten, ohne eine Finanzierung der Eltern. Besteht das Problem darin, dass sich keine Sportlehrer finden die eine solche Ausbildung abschließen wollen, bestünde die Möglichkeit einen bezahlten Yogalehrer zu organisieren und ihn für 2-3 mal in der Woche einzustellen. Eine weitere Variante wäre eine Projektwoche beispielsweise in der 11. Klasse am Ende des Schuljahres. Jeden Tag von 9:00-13:00 praktizieren die Schüler Yoga und lernen die Geschichte, sowie die Arten und Wirkungen auf den Körper kennen. Ist die gesamte Umsetzung in der Schule nicht möglich, könnte jeder Sportlehrer für sich einzelne Elemente in den Sportunterricht integrieren, z.B. mal eine Erwärmung in Form von Yogaübungen vorzubereiten oder eine halbe Stunde eine Entspannungspause einzulegen, um den Schülern Ruhe und Stressabbau zu gewähren und ihnen für den restlichen Tag Kraft zu schenken, die Angst vor Tests zu nehmen und so weiter gleich wie Power-napping oder autogenes Training.

8. Durchführung der selbst ausgeführten Yoga-Stunden

Der praktische Teil dieser Arbeit besteht aus einer selbst organisierten Studie, in der ich einen Fragebogen sowohl für die Lehrer als auch für die Schüler erarbeitete[1], um den Schülern den Sport Yoga überhaupt näher zu bringen, da viele nur den Namen kannten, erarbeitete ich drei Stunden und führt zwei von diesen mit den Schülern durch. Sie beinhalteten zu Beginn eine kurze Aufwärmphase im Liegen, in der die Muskeln, Sehnen und Bänder durch Dehnübungen für die darauffolgenden Yogaübungen erwärmt wurden. Ich wählte leicht zu praktizierende und zu erlernende Übungen aus, beispielsweise den Baum oder den Sonnengruß, da es sich bei allen Schülern um unerfahrene Yogis handelte. Zum Schluss versetzte ich sie durch eine Ruhephase in einen Entspannungszustand. Die Schüler hatten in dieser Zeit die Möglichkeit sich komplett auf sich selbst und ihren Körper zu konzentrieren, zur Begleitung lief eine CD mit Entspannungsliedern, welche die Ruhephase noch mehr unterstützte. Die Schüler nahmen meine Stunden mit Freude an und gaben mir ein sehr positives Feedback.

9. Auswertung der Umfragen

Nach den zwei praktisch ausgeführten Stunden bekam jeder Schüler meines Sportkurses einen Fragebogen (siehe Anhang), den er direkt ausfüllte. Er umfasst hauptsächlich die Fragen, ob das Interesse eines solchen Sportunterrichts in der Schule besteht, wie sie diese Stunden empfanden und ob sie Yoga in dieser Form überhaupt kannten. Bei den befragten Probanden handelt es sich um 15 Schüler der Oberstufe, die beide Stunden absolvierten.

Umfrage der Schüler

1. Schon einmal Yoga praktiziert? – Ja : 80% – Nein : 20% 1.1. praktizierte Yoga-Art – klassisches Yoga: 100% 1.2. wie hat es gefallen? –sehr gut:75% – gut: 2% – okay: 23% 2. Empfinden der Yoga-Stunden – entspannt: 48% – befreit: 20% – anstrengend: 10% –abwechslungsreicher als normaler Unterricht: 22%	2.1. Empfinden vorher/ nachher vorher: nachher: – gestresst: 63% – entspannt: 53% – unentspannt: 25% – mehr Energie: 20% – erschöpft: 6% – stressfrei: 14% – aufgewühlt: 6% – müde: 13% 3. Yoga im Sportunterricht? – ja: 53% – nein: 7% – teils: 40% → am Ende/ am Anfang einschieben 3.1. Ja/(Nein), warum? –Abwechslung:20% Stressabbau: 20% –Entspannung: 13% – Ausgleich: 22% –Dehnen:5% – Runterkommen: 20% 4. Yoga = Wohl für den Körper – Ja: 80% – Vielleicht: 20%

Bei den Lehrern interessierte mich eher der Hintergrund, ob sie überhaupt eine solche Umsetzung in der Schule als möglich erachten und ob sie die Zeit in eine solche Ausbildung

---

[1]Siehe Anhang 11.1

investieren würden, um diesen Sport anbieten zu können. Den Fragebogen [2] füllten 7 Sportlehrer unserer Schule aus, die unterschiedliche Interessen vertreten. Ich entwickelte einen weiteren Fragebogen[3] für die Schulleitung hatte jedoch nicht die Möglichkeit ihn ausfüllen zu lassen.

Umfrage der Lehrer:

1. Schon einmal Yoga praktiziert? – ja: 43% –nein: 57%	3. Auswirkungen auf Körper bekannt? – ja: 43% – zum Teil: 57%
1.1. praktizierte Yoga-Art – Hartha: 38% – klassisches Yoga: 38% – keine Ahnung: 26%	3.1. Auswirkungen: – Körperspannung: 18% – Zufriedenheit: 14% – Beweglichkeit: 23% – Kraft: 5% – Gleichgewicht: 9% – Balance: 8%
2. Alternative für den Sportunterricht? – ja: 43% – vielleicht: 29% – nein: 28%	– Stressabbau: 14% – Muskuläre Kräftigung: 9% 4. Fortbildung? – unter Umständen: 40%
2.2. Ja/Nein, warum? Positiver Effekt: – Kraft: 13% – nur bei Schülerwunsch: 13% – Körperspannung: 17% – Beweglichkeit: 19% – motorische F.: 25% – Körperwahrnehmung: 13%	– nach anderen Fortbildungen: 30% – Nein: 30% 5. Nachfrage? – sehr gering: 56% → da keine Trendsportart – eher Mädchen: 44% 6. Finanzierung durch die Schüler? – ja: 100%

Das Interesse an Yoga ist, nach der Umfrage zu schließen, bei den Schülern sehr ausgeprägt, da 80% das klassische Yoga vorher schon praktiziert haben. Des weiteren zeigen die Ergebnisse, dass der Großteil die Unterrichtseinheiten für sehr gut befunden und die geplante Wirkung eingetreten ist. Die Tabelle zeigt das körperliche Wohlbefinden der Schüler sowohl vor als auch nach den Unterrichtsstunden, hierbei äußert sich durchgängig eine positive Wirkung, da die Empfindungen davor in Form von Stress, Erschöpfung und Unausgeglichenheit von Entspannung, mehr Energie und Müdigkeit abgelöst wurden. Dies zeigt wiederum die positive Auswirkungen des Yogas auf die einzelnen Schüler. Durch das eingetretene Wohlbefinden der Sportler, welches in 80% als gut für den Körper empfunden wurde, stimmen 53% zu, sich Yoga als Sportunterricht vorstellen zu können. Gleichzeitig bejahten 40% der Probanden die Möglichkeit, einzelne Fragmente in den Sportstunden am Anfang oder am Ende zu integrieren, damit eine Art Abwechslung im Bereich Sport erhalten bleiben kann.

Bei den Lehrern äußert sich das Interesse weniger ausgeprägt, nur 43% übten Yoga schon einmal aus, und dann sowohl Hatha als auch klassisch. Bei der Frage, ob sie sich diesen Sport als Alternative vorstellen könnten, antworteten sie geteilter Meinung. 43% der befragten Lehrer gaben zu erkennen, dass sie die Möglichkeit eines Yoga-Sportunterrichtes für nicht unmöglich

---

[2]Siehe Anhang 11.2
[3]Siehe Anhang 11.3

erachten und gaben als Begründung die positiven Effekte, in Form von besserer Körperwahrnehmung und ausgeprägterer motorischer Fähigkeiten, an. 29% der Befragten konnten sich nicht festlegen, bejahten dennoch eine mögliche Ausübung in der Schule jedoch nur auf Wunsch der Schüler. Die Ergebnisse zeigen des weiteren, dass das Wissen über eintretenden Folgen Yogas bei den Lehrern größtenteils vorhanden ist. Eine Ausbildung zu absolvieren, wird als erforderlich angesehen, allerdings ist das Interesse solch eine abzulegen weniger ausgeprägt, da nur unter Umständen oder nach anderen Fortbildungen für die Befragten in Frage kommen würde. Bei der Frage, ob die Schüler die Kosten der Einführung eines Yoga-Sportunterrichts übernehmen würden, stimmten alle ohne Ausnahme zu.

10. Fazit

Die Leitfrage dieser Seminararbeit lautet: „Yoga als 'gesunde' Perspektive für den Sportunterricht." Um diese Frage beantworten zu können führte ich eine selbst entwickelte Studie durch und komme zu dem Schluss, dass Yoga eine mögliche Alternative für den Sportunterricht darstellt. Die befragten Schüler äußerten sich positiv über den Unterricht. Die Wirkung auf den Körper trat wie geplant bei allen Schülern ein, sie fühlten sich entspannter, erleichterter, stressfreier. Die Meinungen zu einem Sportunterricht in Form Yoga gingen kaum auseinander, sie bejahten sowohl den vollen Unterricht im Schulalltag als auch nur Teile. Daraus lässt sich ein großes Interesse und kein Wunsch auf Verzicht von Yoga schließen. Jedoch muss der Punkt betrachtet werden, dass es sich bei allen befragten Schülern der Oberstufe nur um Schülerinnen handelte. Die Meinung der Jungen könnte in die völlig andere Richtung gehen und müsste in einer weiteren Studie betrachtet werden. Die Lehrer, die sowohl weiblich als auch männlich sind, sprachen sich ebenfalls für einen Yoga-Unterricht oder Segmente als Schuleinheit aus. Sie befürworten besonders die physiologischen und psychologischen Aspekte die den Praktizierenden zugute kommen. Jedoch besteht nicht so großes Engagement Ausbildungen zu absolvieren, um diese Form anbieten zu können. Vergleicht man die Sicht auf die Nachfrage von Schülern und Lehrer, wird klar, dass die Lehrer objektiver die Nachfrage als gering einstufen, wo hingegen die Schüler die Zukunft eines Sportunterrichts dieser Art sehen. Betrachtet man die Planung und Umsetzung in der Schule, ist diese mit einem Konzept völlig möglich, dieses bedarf zwar vieler Überlegungen und einem großen Zeitaufwand, würde sich aber auf das Wohl der gesamten Schülerschaft auswirken. Außerdem gibt es viele Veränderungsmöglichkeiten die in vielen aufkommenden Problemen eine Alternative bildet, beispielsweise in der Nutzung oder der Finanzierung. Abschließend lässt sich sagen, dass Yoga sich als gesunde Perspektive für den Sportunterricht eignet. Besonders der gesundheitliche Aspekt, der im Vordergrund steht, würde sich für alle Schüler und sogar die Lehrer lohnen. Jedoch muss jede Schule selbst entscheiden, ob sie diesen Weg beschreiten will. Wichtig ist nur entspannte Schüler sind bessere und glücklichere Schüler.

11.Anhang

11.1. Umfrag der Schüler

,, Yoga eine mögliche Alternative für Schulsport?"

1. Hast du schon einmal Yoga praktiziert?

1.1 Wenn ja, welches? (nur wenn bekannt)

1.2 Wie hat es dir gefallen?

2. Wie hast du die zwei Yogastunden in der Schule empfunden?

2.1 Wie ging es dir vorher und nachher?

3. Kannst du dir Yoga als neuen Sportunterricht oder Teil des Sportunterrichtes vorstellen?

3.1 Wenn ja / nein, warum ?

4. Denkst du solche Yogastunden tragen zum Wohl deines Körpers bei?

11.2. Umfrage der Lehrer

„Yoga eine mögliche Alternative für den Schulsport?"

1. Haben Sie Yoga schon einmal praktiziert?

1.1 Wenn ja, welches ? (nur wenn bekannt)

2. Können Sie sich Yoga als Alternative für den Sportunterricht vorstellen?

2.2 Wenn ja/ nein, warum ?

3. Sind Ihnen die Auswirkungen Yogas auf den Körper bekannt?

3.1 Wenn ja, welche ?

4.Würden Sie Fortbildungen und Lehrgänge besuchen, um in der Schule Yoga anbieten zu können?

5.Wie schätzen Sie die Nachfrage nach Yogasportunterricht der Schüler ein?

6. Denken Sie eine Umsetzung ist in unserer Schule möglich, betrachtet man die Kosten und den zur Verfügung stehenden Platz?

11.3. Umfrage der Schulleitung

„Yoga eine mögliche Alternative für den Schulsport?"

1. Sind Ihnen die Auswirkungen auf den Körper und die Vorteile Yogas bekannt?

2. Können Sie sich Yoga als Alternative des Sportunterrichts vorstellen?

3. Denken Sie der regelmäßige Yogaunterricht erfüllt den Zweck , der Verbesserung der Notendurchschnitte und Abitur NCs , durch effektive Stressbewältigung und Entspannungsübungen?

4. Glauben Sie eine generelle Nachfrage nach einem solchen Yogaunterricht wäre gegeben?

5. Glauben Sie eine Umsetzung in Ihrer Schule sei möglich?

6. Sind Sie bereit die Kosten für Unterrichtsmaterialen, Lehrgänge und Weiterbildungen für die Lehrer zu tragen?

7. Würden Sie an einer Langzeitstudie mit ihrer Schule teilnehmen?

11.4. Quellenverzeichnis

http://www.wissen.de/yoga-meditation-oder-sport genutzt am 20.06.2016

http://bildungsserver.berlin-brandenburg.de/fileadmin/bbb/unterricht/rahmenlehrplaene/gymnasiale_oberstufe/curricula/2011/Sport-VRLP_GOST_2011_Brandenburg.pdf genutzt am 20.06.2016

http://www.nytimes.com/2012/01/08/magazine/how-yoga-can-wreck-your-body.html?pagewanted=all&_r=0 genutzt am 20.06.2016

http://eatsmarter.de/gesund-leben/fitness/gefaehrlichen-nebenwirkungen-yoga genutzt am 24.06.2016

http://www.yogaguide.at/news/yogabuch-the-science-of-yoga-auf-deutsch-erschienen genutzt am 24.06.2016

http://www.yoga-jetzt.net/gruende-fuer-yoga/ genutzt am 24.06.2016

http://www.vital.de/fitness/yoga/artikel/yoga-arten genutzt am 01.07.2016

http://www.vital.de/fitness/yoga/artikel/yoga-arten genutzt am 17.07.2016

http://www.vital.de/fitness/yoga/artikel/yoga-arten genutzt am 20.07.2016

https://www.sein.de/die-geschichte-des-yoga/ genutzt am 25.07.2016

https://www.sein.de/die-geschichte-des-yoga/ genutzt am 30.07.2016

http://www.apotheke-adhoc.de/branchennews/alle-branchennews/branchennews-detail/mit-yoga-physische-und-psychische-leiden-bekaempfen /genutzt am 30.07.2016

http://www.sueddeutsche.de/gesundheit/trendsport-yoga-und-seine-risiken-gereizt-gerissen-und-verspannt-1.1275526 genutzt am 2.08.2016

https://de.wikipedia.org/wiki/Gymnastik genutzt am 02.08.2016

http://www.gutefrage.net/frage/was-ist-der-unterschied-zwischen-gymnastik-pilates-yoga-etc genutzt am 02.08.2016

http://barfus.jimdo.com/infos-rund-um-yoga/ genutzt am 05.08.2016

http://www.yoga-aktuell.de/ck17-yoga-main/kinder-yoga/yoga-teenager-jugendliche/ genutzt am 20.08.2016

https://www.yoga-vidya.de/kinderyoga/yoga-in-der-schule/yoga-im-gymnasium/ genutzt am 20.08.2016

11.5. Literaturverzeichnis

Zebroff/ 1975	Zebroff, K. : Yoga für Jeden. Fischer Taschebuch Verlag GmbH, 1975
Linnartz/ 2013	Linnartz, K. : All about Yoga. GRÄFE und UNZER VERLAG GmbH, 2013
Broad/ 2013	Broad, W. J. : The Science of Yoga. Herder Verlag GmbH, 2013
Polet-Kittler/ 2002	Polet-Kittler, H. : Tips für Yoga. Meyer&Meyer Verlag, 2002
Lange, Baschta 2013	Lange, H. , Baschta, M. : Fitness im Schulsport. Meyer&Meyer Verlag, 2013
Minesterium für Bildung/ 2012	Minesterium für Bildung, Jugend und Sport des Landes Brandenburg: Rahmenlehrplan. 2012